Liebe Versicherung!

Liebe Versicherung!

Humor und unfreiwillige
Komik
in Zuschriften von Versicherten

Kanisius Verlag

Wir sind alle komisch . . .

(Jean Anouilh)

2. Auflage 1988

Umschlag
und Zeichnungen: Teddy Aeby

© 1988 Kanisius Verlag

ISBN 3 85764 258 0

Auslieferung:
Kanisius Verlag, Postfach 1052,
CH–1701 Freiburg

Druck:
Kanisiusdruckerei, CH–1701 Freiburg Schweiz

Vorwort

Unter dem Titel «Was man der Versicherung so alles schreibt» haben wir im Sommer 1983 zum ersten Mal eine Auswahl von Stilblüten aus Zuschriften von Versicherten in unserer Hauszeitschrift SUVARAMA abdrucken lassen. Zu unserer Überraschung machte diese Stilblütenlese alsbald die Runde durch den deutschschweizerischen Blätterwald. Der unerwartete Erfolg und das positive Echo, welches auch später veröffentlichte Folgen auszulösen vermochten, haben schliesslich den Entschluss reifen lassen, alle bis heute in unserer Hauszeitung gedruckten Stilblüten in einem handlichen Taschenbuch zu vereinen und sie so einem grösseren Interessentenkreis zugänglich zu machen.
Der Kanisius Verlag in Freiburg hat als Verleger und Mitherausgeber wesentlich dazu beigetragen, dieses Vorhaben zu verwirklichen. Dafür danken wir ihm.

Luzern, April 1988   SUVA

Inhalt

<u>Die Zehe im Lift</u>
Komische Unfälle   8

<u>Anfall von Farbenblindheit</u>
Humor im Verkehr   16

<u>Der Käfer im Auge</u>
Tierischer Humor   26

<u>Lust an der Kehrseite</u>
Komik auf Abwegen   32

<u>Gips an die Arbeit</u>
Schwarzer Humor   36

<u>Verdreht von A–Z</u>   43

Die Zehe im Lift

Komische Unfälle

Beim Warentransport mit dem Lift zog die Verletzte die Lifttüre zu, bevor die grosse Zehe ganz im Lift war.

Beim Zusammenstoss mit einem Arbeiter bin ich ausgeglitten, und dabei fiel ein Werkstück auf die am Boden liegende Hand.

Durch Verkettung unglücklicher Umstände wurde der kleine Finger eingeklemmt, arbeitete aber trotzdem bis heute weiter.

Der Brandschaden ist
vermutlich durch achtloses
Wegwerfen eines
Strassenpassanten entstanden.

Bei der Montage eines Kunden
stürzte er von der Leiter.

Unfallursache? Seitensprung
von Frau Kuratli.

Meier stiess mit der Deichsel in den Brustkorb der Vibrationswalze.

Treppenunfall wegen ungenügender Beleuchtung meinerseits.

Der Unfall ist bei der missglückten Wendung des Sonntagsbratens passiert.

Sie sah mich, verlor ihren Kopf, und wir stiessen heftig zusammen.

Er wollte sehen, wie Frau Osterwalder ins Bett geht. Als er Frau Osterwalder rein netto sah, fiel er rücklings über die Böschung.

Der schwere Hammer hat beim Aufprall auf dem Tisch den linken Daumen angetroffen.

Die Geschwulst am Handrücken wurde nach der Prellung gut nussbaumgross.

Anfall von
Farbenblindheit

Humor im Verkehr

An der Kreuzung hatte ich
einen unvorhergesehenen
Anfall von Farbenblindheit.

Ich fand ein grosses Schlagloch
und blieb in demselben.

Mein Dachschaden wurde wie
vorgesehen am Freitagmorgen
behoben.

Ich fuhr mit meinem Wagen gegen die Leitplanke, überschlug mich und prallte gegen einen Baum. Dann verlor ich die Herrschaft über das Auto.

Im hohen Tempo näherte sich mir die Telegrafenstange. Ich schlug einen Zickzackkurs ein, aber dennoch traf mich die Stange am Kühler.

Ich habe noch nie Fahrerflucht begangen. Im Gegenteil, ich musste weggetragen werden.

Der Fussgänger hatte keine Ahnung, in welcher Richtung er gehen sollte, und so überfuhr ich ihn.

Ein Fussgänger rannte in mich und verschwand wortlos unter meinem Wagen.

Dummerweise stiess ich mit dem Fussgänger zusammen. Er wurde ins Krankenhaus eingeliefert und bedauerte dies sehr.

Auf der Rückfahrt fuhr das Auto über eine Böschung hinunter und brach sich den Arm.

Der andere Wagen war absolut unsichtbar, und dann verschwand er wieder.

Ich überfuhr einen Mann. Er gab seine Schuld zu, da ihm dies schon einmal passiert war.

Ich drückte auf die Hupe, die aber versagte, weil sie mir vor einigen Tagen gestohlen worden war.

Ihr Versicherungsnehmer fuhr vorne in meinen Frisiersalon. Während der Reparaturzeit war ich nur beschränkt tätig. Ich konnte meine Kunden nur noch hinten rasieren und schneiden.

Im gesetzlich zulässigen Höchsttempo kollidierte ich mit einer unvorschriftsmässigen Frau in der entgegengesetzten Richtung.

Ihr Versicherter rannte gegen meinen Wagen und verschwand wortlos zwischen den Rädern.

Der Mopedfahrer, der am Tatort alles miterlebte, hatte der Fahrerin meines Pkw aufrichtig erklärt, dass er seiner Zeugungspflicht nachkommen wird.

Mein Mann fährt den alten Wagen nicht mehr. Kennen Sie jemand, der bereit wäre, mich von ihm zu befreien?

Er kam von links,
ich von rechts und wollte nach
links abbiegen. Ich fuhr weiter,
als ich sah, dass er mich
gesehen hatte.
Unglücklicherweise gab er auch
Gas, denn er hatte nicht
gesehen, dass ich gesehen hatte,
dass er mich gesehen hatte.

Nach reiflicher Überlegung bin
ich geneigt, meine Klage gegen
den Automobilisten, der mich
umgefahren hat,
zurückzuziehen; ich will ihn
heiraten.

Der Käfer im Auge

Tierischer Humor

Aus Unvorsichtigkeit flog ihm ein Käfer ins Auge.

Der Hund begann an mir zu schnüffeln. Ohne eine Silbe zu sagen, biss er mich in das linke Bein.

Mein Arbeiter war bei seinem Schwager, als dessen Hund ihn plötzlich von hinten ansprang und in den Oberschenkel biss. Er wurde sofort erschossen.
Der Hund.

Frau Engeli hatte eine Meinungsverschiedenheit mit ihrem Mann. Der Hund wurde wütend und biss Frau Engeli in das rechte Bein.

Ich möchte Ihnen mitteilen, dass die Kuh mein Eigentum ist und dass ich mit ihr den ersten Unfall erlitten habe. Dies ist mir unerklärlich. Der einzige Umstand ist, dass die Kuh ohne mein Wissen rindisch war.

Die Kuh melkt morgens und
abends meine Ehefrau.

Lust
an der Kehrseite

Sie haben meine Verhältnisse
nur auf der einen Seite geprüft,
ohne meine Kehrseite zu
berücksichtigen.

Ich half meiner Frau die
Treppen reinigen, indem ich sie
mit Stahlspänen abrieb.

Am 12. September 1958
hob der Versicherte eine zirka
160 Kilo schwere Kiste
mit dem Hinterteil von einem
Wagen auf die Waage.

Ich übersende Ihnen eine
Duplikatsrechnung, die keine
Duplikatsrechnung mehr ist,
weil ich das Wort Duplikat
gestrichen habe.

Und so habe ich die Nacht im
Abort verbracht in meinem
Rausch, welcher sich
ausserhalb meiner Wohnung
angebaut befindet.

Gips an die Arbeit

Da der Gips kaputt war,
schickte ich ihn zur Arbeit.

Die Wirbelsäule musste zur
Abklärung hospitalisiert
werden.

Ich habe bei mir schon seit
längerer Zeit eine
unvollständige Sauordnung.

Krampfadern beidseitig stark
schwerhörig.

Ich verlange unverzüglich
einen herzlichen Untersuch.

Ich wurde in eine Heilanstalt
eingewiesen zur Heilung
derselben.

Ich bitte um Stundung der Versicherungsprämie. Seit mein Mann gestorben ist, fällt es mir ohnehin schwer, mein kleines Milchgeschäft hochzuhalten.

Ich habe so viele Formulare ausfüllen müssen, dass es mir bald lieber wäre, mein geliebter Mann wäre überhaupt nicht gestorben.

Es hat mir niemand gesagt, an was mein Mann gestorben ist, vermutlich hat es sich um das Arztgeheimnis gehandelt.

Anfänglich litt ich unter der Abwesenheit des gesamten Gedächtnisses, das dann aber im Spital rasch zurückkehrte.

Mein Onkel starb letztes Jahr. Es ist müssig, den Versicherungsbeitrag einzutreiben, zumal das Grab von einem grossen Stein verdeckt ist.

rdreht von

In der Beilage fehlt die Arztrechnung, weil Herr P. am Unfallort bereits ohne ärztliche Hilfe starb.

Das Zwischenberichtsformular ist verschwunden. Vermutlich hat es die Katze gefressen. Ich bitte Sie im Namen der Katze um Entschuldigung und um ein Duplikat.

Nach der gängigen Rechtsbrechung dürfen Sie meine Heilbehandlung noch nicht abschliessen.

Ein Advokat und ein Wagenrad
wollen geschmiert sein.
Dagegen gehören Ärzte zur
Spezies Gärtner: beide decken
ihre Fehler mit Muttererde zu.

Die edelste Aufgabe der Ärzte
ist, zu verhindern, dass der
Patient vor Bezahlung der
Rechnung stirbt.

Versicherungen sind wie
Schwangere! Empfangen mit
Lust. Geben mit Schmerzen.

An Stelle Ihres Vertrauensarztes würde ich empfehlen, einen Roboter anzuschaffen, der genau so seelenlose Resultate erziehlt, wie Ihr Arzt.
Man könnte glauben, dass dieser Mann das Unfallgeld aus seiner Tasche bezahlen muss, sonst würde er nicht einen Menschen voll arbeitsfähig erklären, der kaum gehen kann. Ich wünsche diesem Arzt nichts Schlechteres, als dass es ihn eine Woche lang juckt und seine Arme zu kurz sind, und dass er auch niemand findet, welcher ihm kratzt.

Ihr lumpiges Schreiben vom
19. Dezember 1954
beantwortend teile ich Ihnen
mit, dass ich Ihre unfairen
Zumutungen unter keinen
Umständen annehmen kann.
Dass alles von A-Z verdreht ist,
sieht jeder Löli. Für mich wäre
es bald eine Freude, mit Ihnen
persönlich zu reden. Art. 99
und 100 und Euren
Scharfrichter können Sie
vorläufig für sich verwenden.

Teddy Aeby

wurde 1928 in Freiburg geboren, wo sein Vater als Komponist und Dirigent tätig war. Nach dem Erwerb des Grafikerdiploms hielt er sich zwei Jahre zur Weiterbildung in Paris auf. Hernach arbeitete er u. a. als Zeichenlehrer sowie sechs Jahre als Gestalter für das Süddeutsche Fernsehen, davon drei Jahre in Stuttgart.

Mitte der sechziger Jahre machte sich Teddy Aeby selbständig und zeichnet seither mit wachsendem Erfolg für Private, Firmen und die Öffentlichkeit. Ein beliebtes Sujet ist dabei «seine» Stadt Freiburg.

Aebys Zeichnungen und Karikaturen sind Zeugnisse einer besonderen Feinfühligkeit und eines subtilen Humors. Oft finden sich in seinen Darstellungen auch kleine Bosheiten mit zeitkritischem Charakter. In jedem Fall erfordern Aebys Zeichnungen aufmerksame Betrachter, da sich die Fülle der Details nicht sogleich erschliesst. Teddy Aeby - ein intelligenter, ausdrucksstarker Zeichner und Karikaturist von Format!